MEU EMPREGO

SUMIU!

O mercado de trabalho está mudando e o seu emprego pode desaparecer.

Prepare-se para a Revolução Digital

Fernando Barra

Meu Emprego Sumiu!

"Dedico este livro à todos que empenham-se em aprender com o passado, praticar o presente e criar um futuro melhor!"

Introdução

Minha história e carreira profissional começaram há 25 anos atrás, quando tinha apenas 14 anos.

Era 1994 e o computador acabava de se tornar o mais novo utensílio doméstico! Ter um desses em casa era símbolo de riqueza e status.

Pouco se podia fazer naquela grande máquina que ocupava um espaço razoável na sala com sua torre de processamento, monitor, teclado, mouse e, é claro, uma grande e lenta impressora!

Este novo e revolucionário utensílio (que em breve seria o mais importante eletrônico na casa de milhares de cidadãos) era o lançamento preferido da mídia.

Bem longe daqui, mais precisamente na Califórnia, um pequeno grupo de estudantes de tecnologia e engenharia visualizaram esta transformação antes de todo o restante da população. Além de se tornarem milionários, o grupo dominou esse novo mercado e, com muita ousadia, profetizou: "Em poucos anos, toda residência terá um computador!

Um dos integrantes do grupo - Bill Gates (fundador da Microsoft) - havia acabado de lançar um livro chamado "A Estrada do Futuro". A obra contava um pouco mais sobre o que o futuro nos reservava através da disseminação e do uso dos computadores pessoais e de uma tal rede chamada "Internet" que conectaria todos os computadores pessoais permitindo se comunicar através de um programa chamado e-mail e em alguns poucos anos seria possível comprar produtos e serviços sem sair de casa, simplesmente clickando em um catálogo de produtos exibido na tela.

Aquilo tudo era muito novo. Eu li e reli várias vezes este livro até que decidi que era nisso que eu queria trabalhar. Dali para frente tudo para mim era só "computação".

Quem mais ouvia minhas histórias tecnológicas eram meus pais. De tanto que ouviram, acabaram investindo na minha formação técnica e acadêmica. Um dos dias mais inesquecíveis pra mim foi o dia que meu pai chegou em casa com um computador que ele havia comprado (parcelado) para que eu pudesse aprimorar meus estudos!

De lá para cá foram 25 anos. Fiz meu colegial técnico em Processamento de Dados, diversos cursos de programação, faculdade em Análise de Sistemas, até chegar numa das maiores companhias de tecnologia do mundo - a IBM ("International Business Machine"), onde estou há mais de 10 anos.

A tecnologia e a forma como ela impacta a vida do ser humano é uma das minhas paixões. Em todas as áreas que já atuei desde programação a executivo de vendas, sempre gostei de ler, estudar e entender o impacto de cada nova tecnologia na sociedade e no ser humano.

Aos 40 anos, fiz uma viagem para Israel onde ouvi uma frase que me marcou muito: *"Deixar um legado é mais importante do que deixar uma herança. Afinal, herança é o que deixamos para as pessoas e legado é o que deixamos nas pessoas"*.

Fiquei pensando em como eu poderia deixar meu legado. Não encontrei uma forma melhor do que falar da minha própria experiência; do que vivi e aprendi nestes mais de 20 anos trabalhando em tecnologia e no impacto que ela está gerando na vida de milhões de pessoas.

E por que falar disso agora? Porque de fato estamos vivendo em um momento de transformação radical na forma como trabalhamos e nos relacionamos através do uso de novas tecnologias.

É curioso olhar 25 anos atrás e ver como a tecnologia transformou nossas vidas.

De um imenso aparelho que ficava em cima da mesa, a um pequeno dispositivo chamado smartphone com uma capacidade de processamento 100 vezes maior, totalmente conectado a internet permitindo fazer praticamente qualquer coisa em qualquer lugar do mundo. E tudo isso aconteceu em somente 25 anos? Que incrível!

A velocidade de adoção de uma nova tecnologia vem crescendo a cada dia de uma forma inexplicável!

Um artigo apresentado pela Visual Capitalist apresenta um estudo muito interessante sobre a adoção de novas tecnologias. O estudo demonstra quanto tempo demora para uma nova tecnologia alcançar 50 milhões de usuários:

Em quatro anos o Facebook chegou a 50 milhões de usuários sendo que o automóvel levou 62 anos para alcançar esta marca!

Isso sem falar no impacto do jogo Pokémon GO (apenas 19 dias), e outros aplicativos que estão chegando recentemente.

Porque essa diferença toda?

De fato chegamos à maturidade de algumas tecnologias que permitem a difusão e aceitação muito rápida de um novo produto a custo de lançamento muito baixo.

Neste livro, chamarei essas estas tecnologias de "Tecnologias Disruptivas". Em um ponto mais adiante vou explicar melhor quais são estas tecnologias e o profundo impacto que elas causam em nossas vidas e no mercado de trabalho.

Sim! Estamos no meio de uma grande revolução: a revolução digital.

Sem dúvida alguma a revolução digital tem impactado a forma como nos relacionamos e trabalhamos. É sobre o mercado de trabalho que eu quero falar neste livro. A revolução digital está mudando radicalmente o mercado de trabalho a ponto de extinguir milhões de empregos, bem como criar uma infinidade de novas oportunidades nos próximos anos.

Um estudo recente dos economistas Michael Osborne e Carl Frey, da Universidade de Oxford, chamou a atenção do mundo ao apontar que cerca de 45% dos empregos poderão ser eliminados até 2030.

A McKinsey também se aprofundou neste assunto declarando que pelo menos um terço das atividades de 60% da funções que existem no mercado de trabalho mundial poderão ser automatizadas.

Isso significa que entre 400 e 800 milhões de trabalhadores podem ser substituídos pela automação nos próximos 12 anos.

Com o aumento da população mundial - até 2050 seremos 9,8 bilhões e, em 2100 11,2 bilhões, segundo a ONU - cresce também, a demanda por produtos como carros, casas, roupas, comidas e, principalmente, por energia. Em um mundo automatizado, a tecnologia reduz ineficiências e desperdício, fundamentais dada perspectiva de aumento na demanda por quase tudo nas próximas décadas.

Por fim, o Fórum Econômico Mundial, em Davos, no ano de 2018 reuniu líderes de todo o mundo para debater o que fazer diante da emergente automação industrial e uso crescente da inteligência artificial substituindo milhões de empregos em todo o mundo. Nesse sentido, o impacto na economia mundial poderá ser brutal.

Se você ainda não percebeu, basta olhar para o lado ou para dentro de você mesmo. Pense um pouco, reflita e responda sinceramente:

Você realmente gosta do seu emprego?

Acha que seu emprego vai continuar existindo no futuro ou simplesmente não vê sentido no que faz hoje?

Com tanta tecnologia e a inteligência artificial a disposição da humanidade por que ainda trabalhamos tanto?

Mesmo com o avanço da tecnologia para nos dar mais conforto, agilizar nosso tempo e acesso a informação, vivemos em uma era com um dos maiores índices de insatisfação no trabalho.

É sobre este tema que eu quero tratar neste livro. Acredito que estamos em meio de uma grande revolução que está mudando a forma como trabalhamos. Não entender e não estar aberto a estas mudanças pode gerar uma insatisfação enorme e trazer a perda do sentido de sua vocação profissional.

Nos próximos anos o mercado de trabalho vai mudar e o seu emprego pode desaparacer.

Você está preparado?

Espero enormemente que este livro ajude você nesta nova e desafiadora jornada!

Boa leitura!

Meu emprego sumiu, meu trabalho não!

A maioria das pessoas associam as palavras trabalho e emprego como se fossem a mesma coisa, mas não são!

Apesar de estarem intimamente ligadas, essas palavras possuem significados bem diferentes.

O trabalho é mais antigo que o emprego. O trabalho existe desde o momento em que o homem começou a transformar a natureza e o ambiente ao seu redor, produzindo seus utensílios e suas próprias ferramentas.

O trabalho é algo inerente ao ser humano, está intimamente ligado ao nosso propósito de vida, todo esforço e conjunto de atividades produzidas pelo homem para um determinado fim é considerado trabalho.

O trabalho pode ser manual, mecânico, remunerado, voluntário, artístico, artesanal, etc...

Por outro lado, o emprego é algo recente na história da humanidade, surgindo à época da revolução industrial.

O emprego é a relação estável que existe entre quem organiza o trabalho e quem realiza o trabalho.

É uma espécie de contrato no qual o possuidor dos meios de produção (empregador) paga pelo trabalho de outros que estão dispostos a produzir em troca de uma remuneração e não são possuidores do meio de produção (empregado).

É por este motivo que este livro chama-se "**Meu Emprego Sumiu!**" e não "Meu Trabalho Sumiu!".

O trabalho está relacionado à um esforço humano dotado de um propósito que sempre existiu e continuará existindo. O trabalho é tão antigo quanto o próprio ser humano!

No começo dos tempos, o trabalho era a luta constante pela sobrevivência.

Com o avanço da agricultura e seus instrumentos, o trabalho iniciou sua progressão.

Mais tarde, a revolução industrial veio afetar o valor e as formas de trabalho, bem como sua organização e até mesmo o aparecimento de políticas sociais.

A idéia de "emprego" veio da necessidade de organizar o trabalho, principalmente quando envolve muitas pessoas e muitos processos.

Nos tempos primitivos havia o trabalho escravo e o trabalho livre, o trabalho de artesãos e o trabalho de um rudimento de ciência, mas não havia o emprego, tal como nós o conhecemos atualmente.

Com a revolução industrial e o êxodo rural, a maior parte da população não tinham ferramentas para trabalhar como artesãos, restando às pessoas oferecer seu trabalho como moeda de troca, é nessa época que a noção de emprego toma sua forma.

Existem vantagens e desvantagens entre ser empregador e empregado.

O empregado presta seu trabalho dando em troca seu tempo e esforço físico.

Basicamente o empregado troca dinheiro pelo tempo de trabalho, seu risco é quase zero e recebe ao final do um período uma remuneração pelo tempo e esforço dedicado.

Para ganhar mais ele precisa trabalhar mais horas, portanto está limitado ao seu esforço físico e tempo dedicado para receber seu salário.

O empregador possui uma empresa ou em outras palavras um processo e ferramentas de meio de produção, ele busca pessoas (empregados) para trabalhar em sua empresa e lhe ajudar na produção.

O empregador não depende de seu esforço físico ou tempo para ganhar mais dinheiro, basta encontrar empregados dispostos a trabalhar em sua empresa em troca do salário oferecido.

Em contra partida todo o risco de produção, aquisição de matéria-prima, sem contar perdas na produção e até mesmo a oferta e demanda para venda dos bens produzidos são de responsabilidade do empregador.

As mudanças que estão ocorrendo graças à tecnologia e a revolução digital modificam as relações econômicas entre empresas e empregados.

Novas tecnologias estão permitindo criar novos modelos de produção e prestação de serviços que extrapolam a relação já conhecida entre empregado e empregador.

O fim do emprego é iminente!

O emprego e sua vida social.

Passamos em média dois terços de nossas vidas dedicados ao nosso emprego.

A importância do emprego na sociedade se tornou vital para que um indivíduo pertença a uma classe social. Até mesmo os "sem emprego" possuem sua própria classe: a classe dos "desempregados".

Quem nunca ouviu uma das frases abaixo?

- O que você vai ser quando crescer?

- Quero ver você arranjar um emprego sem estudar!

- Estude, arrume um emprego e seja alguém na vida!

De fato o emprego marca nossa passagem para a vida adulta. O indivíduo passa a ser "economicamente ativo" quando entra para o mercado de trabalho e começa a produzir e receber um salário por isso. Este grupo de pessoas são tão importantes que atualmente um país é medido pela quantidade de indivíduos economicamente ativos que ele possui, motivo pelo qual o país é impactado diretamente em sua economia e consequentemente nos níveis de investimentos de países e indústrias estrangeiras.

O emprego é o centro do atual "roteiro" de vida de "sucesso" estabelecido pela sociedade.

O ser humano, nasce, cresce, brinca, estuda, consegue um emprego, trabalha, aposenta e morre.

Passamos a maior parte de nossas vidas nos preparando, buscando e nos preocupando com o emprego.

Ter um emprego atualmente vai muito além de receber um salário pelo exercício laboral executado. Ter um emprego significa estar inserido na sociedade e ter uma classe social estabelecida.

Este talvez seja um dos maiores impactos da revolução digital.

Estamos entrando em uma era de abundância e produtividade

muito alta, onde não será mais necessário trabalhar tanto e muitos empregos serão substituídos por máquinas inteligentes. Então, como ficará a vida social para estes indivíduos?

Nossa relação com o emprego vai mudar pois a cada dia que passa teremos menos empregos disponíveis e as pessoas passarão a dar menos importância a este status, criando uma nova classificação social.

Sim, em um primeiro momento um evento como este gera um grande conflito, pois menos empregos significa menos salários, menos indivíduos economicamente ativos e, consequentemente, uma vultosa recessão.

Mas vamos tirar este problema da frente por um momento e imaginar que devido ao grande aumento da implementação de novas tecnologias o emprego humano seja ajustado para uma menor quantidade de horas trabalhada e uma nova redistribuição de renda.

Por um momento imagine comigo que passamos a trabalhar 2 dias por semana, e que isso seja financeiramente equivalente ao esforço atual de 5 dias semanais.

Passaremos a ter 5 dias de descanso para 2 dias trabalhados! Em um primeiro momento devido ao stress e ao esforço físico/mental já gastos por anos, você pode achar uma excelente ideia, mas com o passar do tempo este ócio vai ser grande e outras demandas surgirão como buscar um novo propósito de vida, trabalho não remunerado, engajamento em novos ciclos sociais como clubes, mentorias, grupos religiosos, viagens, etc.

A importância do emprego para a sociedade vai sumindo e outras funções terão mais prioridade. Em uma escala social parece algo muito fantasioso, mas repare como já encontramos um grande impacto na importância do emprego versus o propósito de vida.

Atualmente, muita gente pensa duas vezes antes de assumir um emprego com uma carga horária maior e, consequentemente um salário maior, tendo que passar mais tempo longe de sua família ou abrir mão de praticar uma hora de esporte diário, por exemplo.

Em um futuro próximo, a relação entre emprego e classe social vai mudar.

O emprego e seu real valor.

Pensar que um bom salário é sinônimo de um bom emprego é um pensamento enganoso.

Para muitas pessoas, principalmente para aquelas que já enfrentaram privações financeiras, o dinheiro pode ser um sinônimo de felicidade, tornando-se o maior objetivo da sua carreira profissional.

Mas será que na prática isso é mesmo recompensador?

Muitos profissionais almejam o crescimento em uma carreira profissional apenas pela remuneração que ela traz, mas ainda assim não encontram prazer em trabalhar. Vivem estressados, desmotivados, frustrados e muitas vezes, trabalhando muito para ganhar pouco!

Quem não almeja um trabalho que dure poucas horas e renda muito dinheiro no final do mês?

A grande questão é: será que o seu salário realmente tem relação com seu esforço e habilidade? Sabemos que há vários tipos de salários como também vários tipos de empregos, e em muitos casos, um profissional não se contenta com aquilo que faz, mas sim, com aquilo que ganha.

Neste contexto o salário é arbitrário não tendo relação direta com o trabalho realizado.

O que define o alto salário de um executivo e o salário de um recolhedor de lixo noturno? O tempo dedicado? O esforço físico?

Na economia capitalista o salário em geral é definido pela lei da oferta e demanda, ou seja, se há muitas pessoas habilitadas a exercer uma determinada função, o salário oferecido diminui. O inverso também é verdade. Um cargo com poucas pessoas habilitadas a exercê-lo aumenta o valor oferecido.

Outro ponto importante é sobre qual perspectiva é medido a quantia paga para aquele salário.

Em quase 100% das atividades a perspectiva não é o esforço ou quantidade de atividades produzidas e sim o "valor" gerado através destas atividades.

Para exemplificar, você pagou por este livro pois está interessado em receber informações sobre o mercado de trabalho futuro e alavancar sua carreira profissional.

Vamos considerar, neste exemplo, que o valor pago por este livro é o meu salário.

Você não está interessado em pagar pelo tempo que eu gastei pesquisando a respeito deste assunto, digitando cada palavra, revisando, editando e preparando este material.

Ele vale a transformação que irá gerar independente do tempo e do esforço que eu tenha gasto.

O valor gerado por um conjunto de atividades é o ponto determinante de um salário e não à atividade e esforço realizado.

Através desta perspectiva encontramos muitas disparidades nos salários pagos para distintos empregos e, em alguns casos, diferenças salariais inclusive para um emprego com a mesma função.

Com o avanço da automação e da inteligência artificial, a tendência é encontrarmos uma maior polarização de empregos.

De um lado especialistas muito bem pagos por exercerem sua atividade, e de outro lado, uma multidão em empregos de baixa especialização, consequentemente recebendo um valor salarial muito baixo.

Em um futuro próximo o modelo de contratação e retribuição salarial também mudará, se aproximando do modelo atualmente exercido por profissionais liberais autônomos, onde um contrato será feito para realizar um conjunto de tarefas e não mais um pagamento fixo por um mês de trabalho. Cada vez mais especialistas trabalharão em plataformas onde diversas empresas irão disponibilizar projetos a serem realizados, e estes especialistas poderão escolher em qual projeto desejam trabalhar e por quanto tempo.

Plataformas de compartilhamento que pagam comissão para profissionais liberais vão crescer cada vez mais. Modelos como o Uber se expandirão para outras áreas além da entrega e logística.

Um especialista vai trabalhar para mais de uma empresa ao mesmo tempo, em projetos distintos e com equipes diferentes, recebendo por cada tarefa realizada.

Conforme já mencionado, o conhecimento e especialização será cada vez mais valorizado e as plataformas de EAD (ensino a distância) crescerão muito, surgindo assim uma nova economia.

Qualquer pessoa que tenha um conhecimento específico sobre um determinado assunto (um especialista), vai poder distribuir seus conhecimentos através desta plataforma em formato de aulas/vídeos cobrando um valor pelo acesso deste conteúdo.

Portanto, exercer uma atividade de seu conhecimento e receber por isso vai ser muito mais simples do que o atual modelo de contratação gerido pelo governo no Brasil através da CLT (Consolidação de Leis Trabalhistas).

Uma nova revolução?

Provavelmente a revolução digital não seja a única fonte responsável por sua angústia na sua carreira profissional, mas tenho certeza que ela impacta fortemente, mesmo você afirmando que não trabalha com tecnologia.

Você está lendo este livro através de uma cópia física adquirida em uma livraria? Ou quem sabe você comprou pela Internet, em um site de comércio eletrônico que fez todo o serviço de logística e o entregou diretamente na sua casa?

Também é possível que você esteja lendo este livro através de um dispositivo eletrônico. São os famosos eReaders como o Kindle da Amazon ou o iPad da Apple. Através deles você sequer precisou de uma cópia física. Bastou entrar em uma loja virtual, clicar sobre o livro, efetuar a compra e pronto, ele está disponível imediatamente para sua leitura.

Nos três cenários descritos acima, o objetivo sempre foi o mesmo: Adquirir conhecimento através da leitura. Porém a forma de acesso e distribuição foram totalmente diferentes. Para que o meu livro chegasse até a sua mão através destes diferentes canais de venda, uma peça da cadeia de suprimentos sofreu forte impacto financeiro e, em alguns casos, até deixou de existir!

Vamos analisar isso melhor!

No primeiro cenário, você adquiriu o livro através de uma livraria. Para que isso fosse possível, uma cadeia de fornecedores foi envolvida e participou financeiramente desta distribuição, por exemplo:

O Autor (neste caso EU), precisei estudar, colher informações, pesquisar, organizar e colocar toda a minha experiência e história vivida neste tema em palavras através de um editor de textos.

A Editora precisou acreditar no trabalho e me ajudar a transformar este texto corrido em um livro, fazendo toda a revisão do texto, diagramação do livro, capa, registros de propriedade intelectual e distribuição.

- A Gráfica, de posse do material revisado e diagramado, efetuou toda a impressão e encadernação.

A Distribuidora ou Transportadora foi responsável por distribuir todo estoque de livros impressos pela gráfica para todas as livrarias.

A Livraria recebeu o pacote de livros, desembrulhou e colocou a venda em sua prateleira para que um dia você possa entrar na loja, encontrar o livro e adquiri-lo.

Em resumo, no cenário 01 temos: o Autor>> a Editora>> a Gráfica >> a Distribuidora>> a Loja>> o Cliente!

No cenário 02 você adquiriu meu livro através de um site eletrônico, então temos a seguinte cadeia:

O Autor >> a Gráfica >> a Distribuidora>> o Site >> o Cliente!

No cenário 03 você adquiriu meu livro em formato digital, neste cenário temos:

O Autor >> a Loja Virtual >> o Cliente!

Em um exemplo bem simples, saímos de uma cadeia tradicional que envolvia ao menos 06 participantes para uma cadeia digital com apenas 03 participantes!

Este é um exemplo claro e simples do que a revolução digital está causando no mercado de trabalho. Será que isto acontece somente com livros? De forma alguma, existem milhares de exemplos em diversos segmentos de mercado.

O Spotify revolucionou a indústria da música; o Netflix mudou completamente o mercado de filmes e séries televisivas; o Booking complicou a vida das agências de turismo; o Google faliu com as listas amarelas; a Wikipédia sumiu com as enciclopédias; o Airbnb está complicando a vida dos hotéis; o Whatsapp reduziu em mais de 30% a receita das operadoras de telefonia; o Uber mudou a vida dos taxistas e usuários de transportes coletivos.

Bem, eu poderia citar mais de 50 casos disruptivos que mudaram a forma como clientes e empresas se relacionam, sumindo literalmente com mercados que no passado faturaram milhões, e tudo isso em menos de 10 anos!

E não para por aí! Neste exato momento, em algum lugar do mundo, alguém esta criando um serviço que nos próximos anos será totalmente disruptivo.

A revolução digital, foca em atender a experiência do cliente final. Dessa forma, visa eliminar o máximo possível a cadeia necessária para que este cliente tenha acesso ao serviço ou produto desejado, quebrando com padrões e segmentos de mercados atualmente existentes que geravam milhões de empregos.

Vou explicar melhor, passando a chamar este fenômeno de "Desmaterialização Digital".

Antes o cliente comprava um produto para atender a necessidade de uma experiência por que não podia adquirir a experiência em si.

Por exemplo, na indústria da música o maior objetivo do cliente é ter a experiência de ouvir a música. Para tal, ele precisava ir até uma loja, adquirir um aparelho reprodutor de música, encontrar o CD, Fita ou Disco com a música de sua preferência, comprar este dispositivo, levar para casa e colocar para tocar no seu aparelho reprodutor. Um tempo e investimento enorme para ter a experiência de ouvir uma música de sua preferência no momento que lhe fosse agradável.

Hoje, com a revolução digital, basta ter a assinatura de um serviço de música em streaming como Spotify, Google Play ou Apple music, que este mesmo cliente passa a ter acesso a um catálogo imenso de artista, álbuns e músicas disponíveis para ouvir ali mesmo no seu aparelho celular ou qualquer outro dispositivo ligado a Internet sem a necessidade de se deslocar até uma loja, investir em um dispositivo específico e comprar um CD, Vinil ou Fita

Cassete. Tudo isso com um preço infinitamente menor, com uma qualidade e experiência superior e com muito mais economia de tempo!

Sim, a revolução digital neste exemplo, além de diminuir toda a cadeia de distribuição de músicas, também quebrou negócios importantes que viviam ao redor deste mercado. Grandes indústrias que produziam equipamentos de som, rádios tocadores de CD, Vinil, bem como tocadores de fita cassete, sem contar na produção e distribuição das mídias aqui descritas.

A revolução digital tem a capacidade de "sumir" com o produto físico e, mesmo assim, continuar entregando uma experiência de qualidade superior com um custo menor ao consumidor final.

Existem outros exemplos? Claro!

O Uber criou uma das maiores empresas de transporte no mundo sem ter um carro no estoque. O Airbnb é uma das maiores redes de hospedagem e nunca construiu um hotel. A Netflix tirou os clientes das locadoras de vídeo e até dos cinemas sem precisar construir nenhum produto físico.

Existem exemplos para quase todas as indústrias e este é, na minha opinião, o grande impacto da Revolução Digital. Ou seja, a quebra do paradigma de um modelo de negócio existente, robusto e validado, em troca de uma melhor experiência ao cliente final através de um novo modelo com um custo menor.

Quando uma nova empresa encontra um meio de entregar a mesma experiência através de um novo canal digital (e na maioria das vezes toda a cadeia anterior vai sumir ao longo do tempo), fica praticamente impossível competir neste mercado.

E porque a revolução digital impactará o meu emprego?

Provavelmente a revolução digital não seja a única fonte

responsável pela sua angústia existencial na carreira profissional, mas tenho certeza que ela o impacta fortemente, mesmo você afirmando que seu trabalho nada tenha a ver com tecnologia ou com as empresas citadas até agora.

Ao longo da história ocorreram diversas revoluções que impactaram a vida dos humanos e a forma como eles trabalhavam.

Analisar estes acontecimentos ajuda a entender o que estamos vivendo agora, na era da revolução digital.

A Revolução Agrícola

Uma das primeiras revoluções que impactaram a vida dos humanos quanto a sua forma de trabalhar foi a revolução agrícola.

Estudos apontam que ela aconteceu há aproximadamente 10 mil anos A.C.

Antes disso os humanos viviam em grupos menores, eram nômades e se alimentavam colhendo plantas silvestres e caçando animais selvagens. Por que fazer outra coisa se seu estilo de vida fornecia alimento abundante e sustento para o grupo?

Aproximadamente cerca de 10 mil anos atrás, quando provavelmente ocorreu a descoberta do fogo, os humanos devastaram enormes faixas de terra para encurralar animais, facilitando a caçada e ao mesmo tempo destruindo enormes campos de alimentação vegetal.

Estas terras queimadas ao longo do tempo refloresciam e os humanos aprenderam que era possível dedicar um esforço menor manipulando espécies de plantas e pequenos animais para sua alimentação sem a necessidade de grandes deslocamentos, grandes esforços para caçar, além, claro, da enorme redução de risco a sobrevivência na luta de lugares não explorados com espécies selvagens a toda volta.

Este trabalho que despendia um esforço diferente lhe rendia mais frutas, grãos e carne em troca de um esforço menor. Foi uma grande revolução na vida dos humanos - a Revolução Agrícola.

Esta revolução trouxe um impacto tão grande na vida dos humanos que mesmo hoje, com toda nossa tecnologia avançada, mais de 90% das calorias que alimentam a humanidade vêm de plantas e animais dos quais nossos ancestrais domesticaram durante esta revolução.

A revolução agrícola traz impactos imensuráveis até os dias de hoje. Acadêmicos declaram que foi um dos maiores saltos para a humanidade e seu intelecto. Aos poucos a revolução agrícola produzia humanos cada vez mais inteligentes a ponto de decifrarem os segredos da natureza, o que lhes permitiu o cultivo do trigo e a domesticação de pequenos animais silvestres, como ovelhas.

O cultivo do trigo e a criação de animais silvestres trouxeram muito mais alimento aos humanos. Dessa forma, permitiu que o ser humano se multiplicasse exponencialmente, passando a viver em grupos bem maiores.

Antes da revolução agrícola, nossos ancestrais se alimentavam coletando frutas e caçando animais silvestres, andavam em bandos ou grupos de até 100 indivíduos. Com a revolução agrícola, estes grupos aumentaram e no mesmo território, começaram a viver mais de 1.000 indivíduos em conjunto.

Mas não foram somente coisas boas que chegaram com a revolução agrícola.

A explosão e acúmulo de seres humanos no mesmo grupo criou e prosperou a distribuição de doenças e pestes, e aquele ser humano forte que utilizava seu corpo para caçar, agora passou a ser muito mais fraco e se alimentar de trigo e carne de animais pequenos, ou seja a quantidade de vitaminas e proteínas que este corpo consumia já não era mais a mesma.

O conhecimento do plantio também era muito pequeno e qualquer alteração da natureza poderia colocar em risco toda uma safra por falta de chuva, pestes, fogo ou falta de conhecimento da área, que muitas vezes poderia abrigar alagamentos ou desmoronamentos de terras.

Os humanos, por sua vez, também passaram por uma forte transformação. Os caçadores que antes eram os mais fortes e corajosos líderes do grupo, agora já não possuíam tal valor.

Humanos que conheciam melhor as terras, dominavam grupos e criavam estruturas para o plantio e também para a distribuição de alimentos.

Sim! O trabalho dos caçadores diminuiu e a procura por especialistas em plantio aumentou!

Historicamente as revoluções afetam diretamente o mercado de trabalho da sua época. Se por um lado uma lista de empregos e habilidades deixaram de ser importantes, sempre haverá uma outra lista de empregos e novas habilidades surgindo rapidamente e com uma procura enorme por novos profissionais!

Então, não acabam os empregos e uma revolução não afeta o mercado?

Definitivamente não! Esta balança de procura por novos profissionais não responde na mesma velocidade. Ou seja, acabam a procura pelos caçadores e surge imediatamente a procura por especialistas em plantio. Mas infelizmente eles ainda não existem epassamos por uma época de escassez de habilidades profissionais.

É exatamente este processo que gera o impacto na economia e no mercado de trabalho até hoje.

A Revolução Industrial

A revolução industrial foi um conjunto de mudanças que aconteceram na Europa nos séculos XVIII e XIX.

Por volta do século XVIII e XIX, o homem começou a substituir o trabalho artesanal pelo uso de máquinas (máquina de fiar, tear mecânico, a máquina a vapor, etc.), através do uso de fontes modernas de energia (carvão e o petróleo) e o aperfeiçoamento das técnicas de produção a partir do avanço tecnológico e científico.

Até o final do século XVIII a maioria da população vivia no campo e produzia o que consumia. De maneira artesanal o produtor dominava todo o processo.

Com o avanço da Revolução Industrial, muitos empresários ambicionando um lucrar maior, redesenharam sua esteira de produção incluindo máquinas e energias, desta forma o trabalhador perdeu o conhecimento de todo o processo da técnica de fabricação passando a executar apenas uma etapa.

O operário era explorado e forçado a trabalhar até 15 horas por dia em troca de um salário baixo, além disso, mulheres e crianças também eram obrigadas a trabalhar para sustentarem suas famílias.

A demanda por profissionais especialistas em determinados processos de industrialização bem como conhecimento no manuseio e utilização de máquinas cresceu muito.

Em contra partida, assim como na revolução agrícola grande parte da população, principalmente os artesões, que estavam acostumados a produzir de maneira artesanal e conceber todo o processo de fabricação ficaram sem utilização até se especializarem.

Outras profissões surgiram, especialistas em energias renováveis como vapor e petróleo, começaram a surgir grandes produções de máquinas e especialistas em manutenção das mesmas.

Diante disso, alguns trabalhadores se revoltaram com as péssimas condições de trabalho oferecidas, e começaram a sabotar as máquinas, outros movimentos também surgiram nessa época com o objetivo de defender o trabalhador, o que mais tarde veio criar a necessidade de leis específicas para defender o operário e empresário, nesta época também surgiram os sindicatos especializados.

O surgimento da revolução digital

Uma revolução não surge de um dia para o outro, uma revolução não é um acontecimento com data e hora definida.

Uma série de acontecimentos vão se acumulando e fazendo com que a humanidade tome atitudes antes não pensadas.

Esse processo pode levar, anos, até décadas. Em geral, reconhecemos uma revolução muito tempo após seu real acontecimento.

Foram necessários 200 anos para o exôdo rural se estabelecer e conseguirmos alocar mais de 98% da população agrícola em indústrias, pós a revolução industrial.

Tomar consciência que estamos vivendo uma nova revolução, pode ser tarde demais, ou melhor, esta revolução já pode ter acontecido.

Por mais de dez mil anos o mundo passou por mudanças drásticas, mas muito lentas, que precisaram de gerações para se desenvolver, permitindo que a sociedade as compreendesse e as adaptasse (ainda que por vezes tais adaptações fossem violentas).

Estamos vivendo a era da transformação em alta velocidade, conforme já mencionei, a velocidade de transformação e adaptação do ser humano está acelarada.

E esta é uma das características da Revolução Digital, tudo ficou muito rápido, abriu-se a oportunidade através do acesso e estabilização de diversas tecnologias de uma empresa sair do zero e competir com gigantes do mercado já existentes e consolidadas há anos!

Em alguns casos, essas novas empresas não competem, elas simplesmente destroem mercados consolidados e criam novas oportunidades.

Tudo isso acontece pela utilização de Tecnologias Disruptivas.

Antes de abordarmos o que é tecnologia disruptiva, é preciso entender o que é disrupção.

Os dicionários definem o termo "disrupção" como um ato de "quebra ou descontinuação de um processo já estabelecido". Um processo é chamado de disruptivo quando ele "interrompe, suspende ou se afasta do funcionamento normal".

Quando esse termo é trazido para o contexto tecnológico e corporativo, a disrupção é tratada como um novo modelo de negócio que surge propondo algo diferente e inovador, rompendo com os padrões vigentes.

Mas afinal, o que é tecnologia disruptiva?

Agora que você já sabe o que é disrupção, ficará mais fácil entender o que é tecnologia disruptiva.

Basicamente, quando uma nova tecnologia surge e proporciona a criação de um serviço ou produtos inovador ao mercado causando efeitos de mudança e de ruptura nos padrões e modelos já estabelecidos ela é considerada disruptiva.

A tecnologia disruptiva tem o poder de transformar um mercado existente oferecendo simplicidade, conforto, baixo custo e fácil acesso à produtos e serviços.

Tudo isso foi possível pelo amadurecimento de outras tecnologias, como:

- Aumento da capacidade de processamento dos atuais computadores

- A facilidade de utilização e distribuição de novos produtos "softwares atualmente chamados de Aplicativos" através da Internet e smartphones

- Um imensidão de dados criados de mídias sociais, blogs, vídeos e sistemas corporativos chamados hoje de Big Data.

Enfim a tecnologia criou maturidade a ponto de "baratear custos" e permitir seu uso por empresas de pequeno porte a grandes multinacionais, diminuindo a barreira de concorrência e valorizando indivíduos que conseguem criar algo novo explorando sua criatividade e não mais o acesso a tecnologias restritas anteriormentes a grandes empresas, já estabelecidas no mercado e com capacidade de altos investimentos financeiros.

Um bom exemplo desta aplicação é a famosa Computação em Nuvem.

A nuvem (cloud) é o nome genérico dado à computação em servidores disponíveis na Internet a partir de diferentes provedores. O conceito de computação em nuvem (em inglês, cloud computing) refere-se à utilização da memória e da capacidade de armazenamento e cálculo de computadores e servidores compartilhados e interligados por meio da Internet.

Em outras palavras é um servidor interligado com outros, onde juntos somam recursos como processamento/memória/discos, para desempenhar determinadas tarefas como se fosse um servidor único.

Para exemplificar melhor o impacto que esta tecnologia pode trazer ao mercado vamos voltar há aproximadamente 50 anos.

Nesta época não havia rede de água e esgoto disponível, para obter agua e desaguar esgoto era necessário cavar um poço e uma fossa, ou seja um alto investimento para ter sua própria fonte de água e esgoto.

Com o passar dos anos, empresas investiram em uma rede de água e esgoto através da construção de encamentos que passam na frente de nossas casas, hoje não é mais necessário investir tempo e dinheiro para cavar um poço e uma fossa, basta ligar sua casa ao encanamento destas empresas e utilizar este serviço pagando apenas pelo seu consumo (conta de água e esgoto).

Exatamente o mesmo vem ocorrendo com a tecnologia cloud e o poder de computação, há alguns anos para ter um site publicado na Internet era necessário adquirir um computador potente, chamado servidor que ficava ligado a Internet e hospedava o site e aplicativos desta empresa, hoje é possível utilizar milhares de computadores de grandes provedores como IBM, Microsoft, Google, Amazon, entre outros que fornecem o "aluguel" deste equipamento através do pagamento por uso.

Com isto, uma pequena empresa (startup) pode ter acesso a utilização de tecnologias de ponta pagando pelo consumo e obtendo a vantagem de competir com grandes corporações sem a necessidade de altos investimentos.

Em resumo as tecnologias disruptivas abriram as portas para uma imensidão de novos serviços com baixo custo, criando este momento ímpar.

As regras básicas do mundo virtual (digital) são diferentes daquelas do mundo material (existente, tradicional).

Na dimensão materia, produzir, reproduzir, armazenar, e manipular têm custos (econômicos e ambientais) significativos.

No mundo virtual esses custos são marginais ou zero e por estar conectado, é caracterizado pelo feedback em tempo real, pela ausência de desgaste e pela possibilidade de retorno crescente.

Meu Emprego Sumiu!

Essa tal de inteligência artificial

Uma máquina que pensa! Seria possível o homem criar uma máquina que pensa?

Podemos definir inteligência artificial como a capacidade das máquinas de pensar como seres humanos: aprender, perceber e decidir quais caminhos seguir, de forma racional, diante de determinadas situações.

Antes do surgimento da Inteligência artificial as máquinas eram programadas para executar uma determinada ação e, independente do que acontecesse, a ação seria executada inúmeras vezes da mesma forma, até chegar o momento que um programador alterasse este script (programa) para uma nova execução.

Desde executar um cálculo, armazenar um nome, mostrar um saldo, efetuar um pagamento, calcular a rota de um trajeto, inúmeras atividades são executadas pelos computadores de forma automática e certeira. Ou seja independente de quem esteja interagindo com a máquina, a forma como ela se comporta será sempre a mesma.

A Inteligência artificial veio quebrar este paradigma e dar a oportunidade da máquina rever seus históricos de ações/atividades e a partir deste histórico, "aprender" novos comportamentos e executar novas atividades sem a necessidade da interferência humana, ou seja, sem a necessidade um programador reprogramá-la.

Para entender melhor como é possível uma máquina aprender, foi necessário entender como o ser humano aprende.

Basicamente aprendemos de duas formas;

1) Através do Exemplo

2) Através da Experiência

1) Modelo de Aprendizado pelo Exemplo

O modelo de aprendizado pelo exemplo é adquirido quando você recebe uma informação, acredita nesta informação e passa a se comportar de acordo com esta informação.

Exemplo: Um pai diz ao seu filho:

- "Não coloque o dedo na tomada porque você pode tomar um choque"

A criança acredita nesta informação e não coloca o dedo, aprendendo assim uma lição.

2) Modelo de Aprendizado pela Experiência

No modo de aprendizado por experiência, o ser humano aprende uma determinada informação através da interação.

Exemplo: A criança não dá ouvidos ao pai, coloca o dedo na tomada, toma um choque, se assusta e "aprende" que não deve colocar o dedo na tomada pois dá choque!

Máquinas que Aprendem.

Com a Inteligência artificial uma máquina é também capaz de aprender com as duas formas.

Por Exemplo: Através da carga de informações históricas.

Por Experiência: Através da Interação com humanos., Quando uma pessoa utiliza o sistema, ela dá um feedback se a resposta foi correta ou não. Assim, a máquina vai aprendendo há medida que interage com mais pessoas.

Agora que você entendeu como uma máquina é capaz de aprender, vamos às definições:

Machine Learning:

Em vez de programar regras para uma máquina e esperar o resultado, conseguimos deixar que a máquina aprenda essas regras por conta própria a partir dos dados, chegando ao resultado de forma autônoma. As recomendações personalizadas na Netflix e na Amazon, por exemplo, indicam os títulos de acordo com o que o usuário assiste. Conforme você inclui dados (assiste) o sistema aprende o que você gosta.

Deep Learning:

Quando falamos de aprendizado profundo, estamos nos referindo a uma parte do aprendizado da máquina que utiliza algoritmos complexos para "imitar a rede neural do cérebro humano" e aprender uma área do conhecimento com pouco ou sem supervisão. O sistema pode aprender como se defender de ataques sozinho.

Processamento de Linguagem Natural:

Esse processamento utiliza as técnicas de machine learning para encontrar padrões em grandes conjuntos de dados puros e reconhecer a linguagem natural.Ou seja, aprender o contexto e a lógica de uma linguagem natural como o Português, Inglês, Espanhol, Francês, entre outros..

Este tipo de aprendizado ajudou as máquinas a interagirem com humanos através da voz e a partir deste aprendizado, foi possível criar assistentes virtuais que "entendem" comandos através da fala.

Outro exemplo de aplicação é a análise de sentimentos, onde os algoritmos podem procurar padrões em postagens de redes sociais para compreender como os clientes se sentem em relação a marcas e produtos específicos.

A inteligência artificial em ação

A inteligência artificial está por todos os lugares, no carro autônomo, no sistema de atendimento dos hospitais, na rede social, no seu celular, no antivírus, no buscador de internet...

Praticamente toda a sua interação com sistemas, aplicativos de celular e redes sociais passam hoje por algum tipo de uso de inteligência artificial.

A recomendação de filmes e séries que o Netflix faz, a assistente Siri da Apple, o famoso "Hey Google", a recomendação de uma nova rota para fugir do trânsito feito pelo Waze e até funções corporativas mais sofisticadas como o auxílio no diagnóstico de um câncer ou pesquisa de jurisprudência para um determinado processo, facilitando assim a vida de médicos e advogados.

Sim, a Inteligência artificial está intimamente ligada ao futuro dos empregos onde muitas atividades serão substituídas pelo uso desta tecnologia.

Atendentes de call centers já estão sendo trocados por rôbos de IA (comumente chamados de chatbots). Advogados estão sendo substituídos por máquinas que podem pesquisar uma imensidão de dados, processos e julgamentos realizados para criar a melhor defesa.

Médicos podem ser substituídos por robôs capacitados com inteligência artificial que poderão diagnosticar de uma forma mais assertiva utilizando uma infinidade de informações disponíveis.

Carros poderão ser dirigidos por máquinas de IA, e assim uma infinidade de outros empregos serão ameaçados pelo uso massivo desta tecnologia.

O futuro da IA aponta e urge para uma tecnologia cada vez mais transparente, eticamente construída e que faz parte de tarefas do dia a dia, no trabalho ou na nossa vida pessoal, aumentando nossas capacidades cognitivas.

A inteligência artificial pode tornar o ser humano mais produtivo, liberando profissionais de determinadas tarefas mecânicas e repetitivas para que possam usar o máximo de sua capacidade para criar e inovar em outros setores.

Uma mudança no mercado de trabalho foi iniciada e certamente isso irá ceifar muitas vagas no futuro.

Comparações à primeira revolução industrial são ingênuas frente às novas circunstâncias: enquanto naquela época a automação era uma forma de aumentar a capacidade produtiva dos trabalhadores, agora estamos falando da substituição da mão de obra humana e de um menor potencial na criação de novos empregos.

Isso se deve ao fato de que, ao contrário de equipamentos físicos, estamos falando de software, e um único desenvolvedor pode criar cópias ilimitadas de um sistema sem precisar de aumento de mão de obra.

É a mesma tendência que observamos em outros setores que foram digitalizados durante a última revolução industrial – um exemplo é o caso da Blockbuster, que em seu auge chegou a valer 5 bilhões de dólares, com 9 mil lojas e 60 mil funcionários por todo o mundo.

Sua sucessora digital, a Netflix, recentemente ultrapassou 100 bilhões de dólares com pouco mais de 5 mil funcionários.

Ainda me lembro de como era divertido passar em uma loja da blockbuster em uma sexta-feira voltando do trabalho para escolher alguns filmes para assistir no final de semana. Eu sempre visitava a mesma loja, afinal eu conhecia o André, um atendente de aproximadamente 20 e poucos anos que sempre me indicava bons filmes pois já conhecia meu gosto.

Hoje o André foi substituído pelo algoritmo de inteligência artificial da Netflix, que não somente conhece meus gostos e sabe quais filmes e séries eu já assisti, como também, tem a capacidade cruzar minhas informações com clientes do mundo todo e encontrar outros perfis similares ao meu aperfeiçando assim as sugestões a serem apresentadas.

Eu ou o robô?

Estamos vivendo uma era de transformação digital e inteligência artificial com impactos gigantes na forma como nos comunicamos, fazemos negócios, pensamos e interagimos uns com os outros.

Em todas essas discussões sempre aparece a pergunta "Enfim a máquina vai dominar o ser humano?"

Em milhões de anos construímos uma linguagem de comunicação oral e escrita e dominamos todos os seres viventes na Terra. Desenvolvemos técnicas de produção agrícola e industrials, impactando a natureza e garantindo nossa sobrevivência.

Criamos mitos, instituições políticas, religiosas, esportes mundiais.somos a única classe de ser vivente que consegue trabalhar e compartilhar do mesmo objetivo, unindo grupos diversos de seres humanos diferentes em prol de um mesmo resultado.

Mas, de fato, o que nos faz tão diferentes assim?

Muitos dirão que nossa capacidade de pensar e aprender nos torna seres "racionais" e por isso, diferenciados.

Na minha opinião, eu diria que responder esta pergunta é um pouco mais complexo. O que nos diferencia de todos os outros seres vivos é o nosso livre arbítrio.

Somos os únicos com capacidade de escolher quem queremos ser, o que queremos fazer e como vamos impactar este universo.

Um cavalo nasce cavalo, vive como cavalo e morre como cavalo. Um gato a mesma coisa. Vive a miar, sempre vai gostar de leite, dar suas escapadas noturnas e viver sua aparente liberdade.

Você jamais verá um elefante latindo ou um leão subindo numa árvore atrás de um cacho de bananas.

Um animal nasce e morre "chipado". Vem a este mundo com uma característica e sentido de vida muito bem definido e cabe a ele simplesmente, viver.

Com o ser humano a coisa fica bem diferente. Escolhemos quem queremos ser e o que queremos fazer.

Podemos focar na medicina e ajudar muitas pessoas, assim como podemos ser um político nato, um bombeiro, um excelente escritor, um historiador, um grande administrador de empresas, criar novos mercados, novos produtos, podemos simplesmente nascer e morrer no mesmo lugar ou se quiser ir até a lua, ou quem sabe, ser o primeiro homem a pisar em algum planeta.

Cabe única e exclusivamente a nós, definir e escolher o que queremos ser.

Algo incrível, não? O poder do livre arbítrio nos traz a divindade de não nascermos "chipados" como os outros animais. Nascemos com um chip em branco e cabe a nós definir quem seremos e o que vamos fazer nesta vida.

Nesse sentido, o trabalho feito de modo robótico (automático) e processual é algo que durante o século XX foi decisivo para competitividade e aumento da capacidade de produção, mas retira toda nossa "humanidade" na realização de um trabalho ou propósito.

O modelo implementado pela revolução industrial criou robôs humanos, que trabalham em uma esteira de produção, apertando parafusos e executando tarefas repetitivas dia após dia em troca de um salário.

Se você exercer seu trabalho de modo automático fatalmente será levado a um processo de perda de sentido no que faz, diminuindo a felicidade no trabalho exercido, além de ser facilmente substituído por máquinas inteligentes!

A empresa do futuro

É fundamental entender que empresas são pessoas.

Quando falamos da empresa do futuro, é natural pensarmos em uma empresa altamente tecnológica. Contudo, tecnologia é apenas uma das principais características e ferramentas de criação de uma empresa.

Assim como qualquer outro utensílio de uso manual, é nossa habilidade em usá-la que garantirá sua eficiência, e no caso de empresas, o modelo de negócios funciona como um mapa de utilização desta tecnologia.

Impossível falar na empresa do futuro sem falar de novos modelos de negócio.

A primeira barreira que estamos vendo ser quebrada com a revolução digital é a quebra de barreiras entre indústrias.

Antigamente, o mercado estava muito bem dividido em empresas de varejo, bancos, indústrias de consumo, serviços, etc...

Atualmente e cada vez mais esses objetivos e razões sociais se mesclam, por exemplo:

A Amazon começou seu negócio como uma empresa de comércio eletrônico. Atualmente possui lojas físicas, uma empresa de tecnologia em cloud computing além de abrir uma rede de supermercados entre outros negócios.

O Facebook anunciou a criação de uma cripto moeda para sua rede social e pretende incluir em suas funcionalidades um cartão de pagamento.

O Uber criou um cartão de crédito e benefícios para seus motoristas e clientes para pagamento das corridas e comissões aos seus motoristas.

A Apple, mundialmente conhecida como indústria de design e tecnologia para computadores e celulares, já incluir em seu modelo de negócios uma rede de lojas de varejo (Apple Store), além de uma empresa de tecnologia e serviços de streaming de filmes e músicas.

Através dos exemplos citados acima, é possível notar a importância de um novo modelo de negócios. É ele que garante a aplicação bem-sucedida de algo novo.

Por isso, não é possível pensar na empresa do futuro sem considerar uma revolução em modelos de negócio que resolvam problemas cotidianos com uma experiência e custo menor quando comparados a modelos anteriores.

Meu chefe sumiu!

Um novo modelo organizacional.

A estrutura hierárquica organizacional é outro mito que está sendo derrubado pela empresa do futuro.

Uma empresa pioneira nesse modelo é a Spotify.

A Spotify é uma empresa Sueca, criadora do aplicativo de streaming de música que conta com mais de 60 milhões de usuários.

A missão da Spotify é oferecer acesso há um catálogo de músicas armazenadas na internet mediante o pagamento de uma assinatura mensal.

Este modelo praticamente faliu o iTunes, uma das maiores lojas de venda de música pela internet criada pela Apple que, para reagir rapidamente a este novo modelo, adquiriu a empresa Beats e implementou o iMusic com o mesmo modelo oferecido pela Spotify.

Um dos grandes diferenciais da Spotify discutido e apresentado em diversos livros é seu modelo organizacional baseados em pequenos times (denominados de "squads" ou esquadrão no bom e velho português) auto organizados, responsáveis por uma entrega específica que gere valor ao cliente do Spotify.

Ao invés da empresa organizar seu time por departamentos e especializações como muitas empresas fazem, decidiu analisar quais experiências seu aplicativo oferecia aos seus clientes e organizou pequenos times mistos com especialistas de cada área formando pequenas squads, responsáveis por diversas funcionalidades de seu produto como:

Ouvir e selecionar músicas;

Criar e compartilhar uma playlist;

Selecionar seu plano de assinatura e efetuar o pagamento; etc...

Desta forma, a empresa passou a implementar novas funcionalidades bem como garantir a excelência na prestação dos serviços já existentes, uma vez que o time está focando naquela experiência totalmente alinhada a expectativa do cliente.

Mas porque os squads são autônomos?

A resposta é simples. Cada squad possui um time multifuncional e auto organizado, geralmente com até 9 pessoas. Eles se reunem e possuem total responsabilidade pelo que desenvolvem, sustentam e entregam.

Cada squad possui sua missão a longo prazo, como por exemplo, uma das squads do Spotify tem como objetivo tornar o aplicativo o lugar ideal para colecionar músicas e escutá-las.

A autonomia dos squads representa decidir o que construir, como construir e principalmente, como trabalhar em conjunto durante o processo de desenvolvimento.

Todos os escritórios da empresa Spotify são otimizados para atender à necessidade dos squads, focando na colaboração, onde todos os membros de um determinado squad trabalham juntos, com mesas ajustáveis e fácil acesso a tela uns dos outros.

A autonomia é motivadora e os torna mais velozes deixando as decisões acontecerem localmente nos squads, ao invés de realizar inúmeras reuniões. Isso ajuda a minimizar o tempo de espera das decisões, e assim, escalar sem ficar "atolado" em dependências e burocracias nas decisões e ações a serem implementadas.

Apesar de cada squad possuir sua própria missão, é necessário que elas andem alinhadas com a estratégia do produto, prioridades etc.

A autonomia está no sangue dos squads, porém é necessário que os squads ouçam uns aos outros. Como uma banda, por exemplo, onde apesar de cada músico tocar seu próprio instrumento, precisa estar alinhado com os demais músicos para que, desta forma, cheguem ao melhor resultado, que é fazer uma boa música para seus ouvintes.

O grande objetivo deste conceito, é diminuir o acoplamento, mas manter a proximidade e o alinhamento entre os squads.

Alinhamento e autonomia podem ser vistos em diferentes extremos.

Pouco alinhamento e pouca autonomia faz com que os times fiquem perdidos, impedidos de decidir e sem conhecimento algum do que fazer.

Muito alinhamento e muita autonomia faz com que o líder diga ao time o que é necessário para alcançar o objetivo e os times decidem a melhor maneira para resolver.

O alinhamento possibilita autonomia, e quanto mais alinhamento existir, mais autonomia existirá.

Basicamente, isso significa que o trabalho dos líderes é comunicar o tipo de problema e o porquê e os squads colaboram uns com os outros para descobrir a melhor solução.

Minha mesa sumiu!

Um novo local de trabalho.

Em uma grande metrópole uma pessoa gasta em média 01 hora do seu dia no deslocamento entre sua casa e o local de trabalho.

Trabalho remoto (home office) como o próprio nome diz, é qualquer atividade que pode ser realizada à distância, facilitada pelo uso de tecnologia e comunicação.

Apesar de muitos ainda serem resistentes às mudanças na forma como as pessoas trabalham hoje em dia, o trabalho de forma remota está ganhando cada vez mais adeptos.

Uma pesquisa sobre o futuro do trabalho mostrou que mais de 40% dos entrevistados já pratica o home office em suas organizações e, além disso, mais da metade deles afirma que o trabalho remoto aumenta a produtividade.

Home office não é um jeito fácil de ganhar muito trabalhando pouco.

Quando alguém procura o termo "home office" nas ferramentas de busca, aparecem muitas ofertas de "trabalhe sem sair de casa". São promessas de renda extra onde o candidato tem a possibilidade de receber valores atrativos trabalhando somente algumas horas do dia. Obviamente, há sempre uma taxa de inscrição envolvida no processo. Na maioria das vezes, estas ofertas não passam de "esquemas" onde a única pessoa que trabalha pouco e ganha muito é a pessoa que está vendendo a promessa.

Existem duas maneiras de efetivamente trabalhar em casa: como empreendedor/autônomo, ou como contratado de uma empresa.

Se você pretende abrir uma empresa home based, ou trabalhar em casa como autônomo, prepare-se para muita dedicação. Quem é seu próprio chefe sabe muito bem que o expediente não acaba no final do dia e a semana muitas vezes não termina na sexta-feira.

Se você trabalha para uma empresa de casa, a chance de trabalhar mais do que no escritório tradicional é grande, já que as horas antes perdidas no trânsito acabam sendo revertidas em mais produtividade. No trabalho remoto não existem as pausas para o cafezinho ou as interrupções dos colegas. Trabalha-se de forma mais contínua e, portanto, mais intensa.

Muita gente também acha que se começar a trabalhar em home office vai poder dormir até as onze horas da manhã, passear no shopping quando bem entender, beber uma cerveja com os amigos no meio da tarde e trabalhar quando sobrar um tempinho.

Mas para funcionar com produtividade, o home office exige um grande auto controle e uma dose extra de disciplina.

Além disso, trabalhar em casa pode gerar uma sensação de isolamento, problemas familiares e queda de concentração por conta dos ruídos domésticos, distrações, demandas de filhos e cônjuges.

Apesar dos desafios, quem consegue administrar seu tempo e produzir com qualidade no home office acaba trabalhando melhor e aproveitando muito mais a vida.

Com o trabalho remoto evitam-se as várias horas e o enorme stress causados pelo trânsito no trajeto entre casa e trabalho. O tempo que a pessoa ganha escapando dos congestionamentos pode ser utilizado para praticar esporte, acompanhar um filho no médico, relaxar, ou até mesmo adiantar as tarefas para garantir um tempo livre em outro momento. Com a redução do stress no trânsito e a possibilidade de controlar a qualidade da própria alimentação, quem sai ganhando é a sua saúde.

Trabalhar em home office aumenta a motivação e reduz interrupções de colegas e reuniões desnecessárias, aumentando a produtividade.

Bom para o empregado, melhor ainda para a empresa que o emprega.

O profissional do futuro

Se você também se assusta com as possibilidades futuras, a boa notícia é que apesar de tudo isto já ser uma realidade, as principais características para se dar bem como um profissional do futuro são humanas e não tecnológicas.

Por isso, não há como se manter competitivo sem se preparar. É preciso ser proativo e investir nas competências e habilidades necessárias para dar conta do recado.

A graduação é um ponto de partida, mas passa longe da linha de chegada.

O antigo roteiro pré-definido para a maioria das carreiras, onde escolhemos uma área de atuação, fazemos faculdade, estágio, entramos em uma empresa e crescemos até ocupar o cargo mais alto da hierarquia, está ultrapassado.

Ao mesmo tempo que o mercado de trabalho está passando por uma grande transformação e muitos cargos existentes hoje serão extintos, a busca acirrada pelos profissionais preparados para esta nova era gera uma imensidão de oportunidades.

A partir de agora, profissionais de todas as áreas terão a missão de manter suas habilidades atualizadas e aprimoradas. É importantíssimo que empregadores incentivem a educação contínua e o aprendizado proativo desde agora para não correrem o risco de perder a geração atual.

Neste cenário, a formação não será o único diferencial. Segundo estudo do Fórum Econômico Mundial, 65% das profissões do futuro ainda não foram inventadas. Portanto, não temos que nos preocupar em saber quais serão as graduações mais importantes, mas sim, quais habilidades serão exigidas.

Entenda que, apesar de digital, a transformação é humana!

O mercado aponta 5 principais habilidades humanas que diferenciam o profissional do futuro:

1 – Adaptabilidade

Em um cenário onde a tecnologia se transforma diariamente, é cada vez mais necessário ser um profissional que saiba se adaptar.

Isso significa que, por vezes, você precisará aprender algo novo ou adicionar atividades novas em sua rotina e assumir responsabilidades que talvez não estivessem originalmente no seu escopo de trabalho.

Ser adaptável significa ser flexível quando as coisas mudam. Alguém adaptável é aquele que está aberto a novas ideias e conceitos, aquele que é capaz de gerir várias atribuições e tarefas, estabelecer prioridades, e se adaptar às mudanças nas condições e/ou atribuições de trabalho.

A flexibilidade é extremamente importante para a negociação e comunicação. A capacidade de reconhecer outro ponto de vista, e talvez modificar a própria conformidade, é essencial para o trabalho eficaz em equipe.

Grande parte das pessoas tem dificuldade em desenvolver a adaptabilidade pois isso significa deixar valores e princípios para trás. Quem apresenta essa habilidade compreende que o mundo está em constante transformação e, por isso, mantém-se preparado e bem capacitado para quando tiver que lidar com novos métodos de trabalho ou exigências profissionais.

Dessa forma, os profissionais mais flexíveis e proativos são aqueles que criticam menos as consequências de determinada modificação e sabem se colocar em possíveis situações futuras serão capazes de elaborar soluções prévias. Eles estão frequentemente atualizados sobre as tendências do momento para propor ideias inovadoras e reconhecem quando precisam aprimorar algum conhecimento para dar o melhor de si em um novo cenário.

A adaptabilidade também se revela na prática dos relacionamentos interpessoais. Pessoas mais flexíveis sabem considerar a opinião dos seus colegas de trabalho sem desvalorizar as suas próprias ideias.

Essa habilidade permite que elas fiquem abertas a aprender com os outros e a identificar mais rapidamente as capacidades que precisam aprimorar para desempenhar as suas tarefas adequadamente.

2 – Capacidade Analítica

Atualmente é produzida uma quantidade absurda de dados. Desde interações digitais em redes sociais, até documentos internos nas empresas.

Tudo isso precisa ser traduzido em informações úteis para estratégias de negócio. Aprender a analisar números, gráficos e ter insights sobre estes materiais se tornará indispensável no futuro.

A capacidade analítica nada mais é do que uma forma de pensar, com o intuito de explicar situações e fatos por meio de sua decomposição em partes, mais simples e de fácil explicação.

Saber interpretar dados é um atributo essencial para qualquer profissional independentemente da sua área de atuação. Para isso, é preciso desenvolver sua capacidade analítica constantemente como se fosse um treino em uma academia. Afinal, ninguém se torna especialista da noite para o dia.

O pensamento analítico é um tipo de pensamento visual. Ele envolve uma abordagem que permite que você analise problemas complexos em componentes individuais e gerenciáveis. É sua capacidade de sintetizar informações, enxergar padrões e aplicar técnicas para determinar o que é importante e o que não é, além de discernir o que isso pode significar para a empresa e para sua própria trajetória profissional. Como tecnólogo, você tem a capacidade de levar isso adiante e criar soluções utilizando a tecnologia.

As habilidades básicas de análise de dados cada vez mais determinarão o sucesso em todos os tipos de trabalho.

3 - Habilidades comportamentais

Exercitar uma competência técnica é mais fácil do que exercitar uma competência comportamental. É possível adquirir essas competências fazendo um curso ou lendo um livro. Basta ser ensinado e aprimorado. Para uma empresa, treinar um colaborador tímido para usar seu sistema pode ser mais simples do que empregar o mesmo colaborador na área de vendas.

A geração mais jovem parece estar mais preocupada com a formação acadêmica e não dá muita atenção para as habilidades comportamentais. A maioria deles não está preparada para encarar o mercado de trabalho e,

por isso, é preciso que as gerações de profissionais se adaptem às novas exigências do mercado. Hoje, estas habilidades já são bastante exigidas por empresas e, quanto mais modernas e desenvolvidas as organizações forem se tornando, mais os profissionais precisarão dessas competências não-técnicas como:

A) Uma boa comunicação

A importância de uma boa comunicação vai além do ambiente de trabalho. Sempre que há interação entre uma ou mais pessoas, o esperado é que todas as partes envolvidas consigam entender com clareza a mensagem que está sendo transmitida. Caso contrário, ocorrerá o famoso "mal entendido" e as consequências de uma mensagem interpretada erroneamente podem ser diversas.

Trazendo esse cenário para a realidade corporativa, um gestor pode não se expressar de maneira clara e passar a ideia errada para a equipe de colaboradores. Ou até mesmo os colaboradores podem se comunicar equivocadamente entre si. Por isso, um profissional que saiba se expressar bem, de maneira clara e objetiva, terá vantagem competitiva no mercado por dominar essa soft skill. Não necessariamente ele precisa ter o dom da oratória, mas pelo menos o mínimo de habilidade para se comunicar bem com as outras pessoas.

B) Colaboração e trabalho em equipe

A colaboração é uma soft skill que envolve outra: a comunicação, que já falamos acima. As duas precisam estar juntas, pois a colaboração nada mais é do que duas ou mais pessoas trabalhando juntas para atingir um objetivo comum. É importante que os profissionais colaborem e trabalhem em equipe, pois cada um poderá contribuir naquilo que apresentar maior habilidade. Sendo assim, é como se um colaborador "completasse" o outro no trabalho a ser desenvolvido.

c) Relacionamento interpessoal

Numa empresa, há muitas áreas que conversam entre si. Contudo, para que haja uma coordenação entre essas áreas, os colaboradores de setores diferentes precisam se relacionar bem. O relacionamento interpessoal é fundamental, como por exemplo, entre os profissionais de marketing e vendas. Ambos devem estar "conectados" e saber como se relacionar para atingir bons resultados nas suas respectivas áreas, mas também, atingir um seus objetivos comuns.

d) Equilíbrio emocional

Na carreira de qualquer profissional, momentos mais intensos ocorrerão. Prazos curtos e muitos afazeres, clientes irritados, bronca do chefe, demissão, aquela promoção que não aconteceu... São várias as situações que acontecem e nem sempre estávamos esperando. O equilíbrio emocional é essencial para que essas situações não afetem o comportamento ou o rendimento no trabalho. Além do mais, a capacidade de trabalhar sob pressão vem conforme o aprimoramento do equilíbrio emocional.

4 – Capacidade de aprendizado contínuo

Essa talvez seja a habilidade mais importante para o profissional do futuro se manter competitivo e atuante.

Afinal, em um mundo com acesso rápido e global a quantidades enormes de informações, aquele que deter a capacidade de aprender e incorporar novas soluções rapidamente será aquele que se destacará no mercado.

Esqueça a ideia de que você já sabe o necessário para realizar seu trabalho. O mercado mudou e o tipo de profissional que as empresas procuram também!

Para ter sucesso em qualquer carreira será preciso abraçar a ideia de lifelong learning (uma vida de constante aprendizado) que, na prática, significa ser proativo, flexível e de interesses diversos quando o assunto é conhecimento e novas habilidades.

Assim, um profissional que deseja se especializar em análise de dados e Big Data, por exemplo, vai definir tudo o que é necessário aprender para se especializar. Porém, precisará se manter atento para encontrar soluções rápidas e eficientes quando uma nova necessidade ou oportunidade surgir no mercado.

Portanto, se manter estagnado e fechado para novas possibilidades será um grande erro dos profissionais do futuro.

Empresas que já incorporam sistemas de treinamento e aprendizado contínuo em seus processos estão atraindo os melhores profissionais do mercado e formando em conjunto um novo perfil profissional, aquele em que o profissional é o responsável por sua carreira e aprendizado e a empresa que disponibiliza as melhores ferramentas e experiências de aprendizado são mais procuradas e beneficiadas!

5 – Criatividade para inovar de forma disruptiva

A criatividade é uma das habilidades mais procuradas pelas empresas já na atualidade, sendo cada vez mais valorizado o profissional que é capaz de pensar e inovar como pensa um designer, criando e sugerindo soluções diferentes para os novos desafios que surgem no mundo.

A grande diferença para o profissional do futuro é que ser criativo pode não bastar. Será preciso pensar com criatividade para realizar mudanças de real impacto na vida das pessoas. É levar para a carreira a habilidade de revolucionar mercados.

Quem é criativo consegue formular teorias, inventar produtos, produzir conteúdos engajadores, encontrar soluções diferenciadas e elaborar ações que cativam o público. Ou seja, é fundamental para garantir o sucesso de sua carreira profissional. Criatividade não é um dom, é possível aprender e desenvolver sua criatividade. Uma das metodologias mais aplicadas para esse tipo de desenvolvimento chama-se "Design Thinking".

Muito aplicada atualmente para resolução de problemas e criação de novos produtos, o método design thinking tem revolucionado a forma de trabalhar e encontrar soluções inovadoras para diversos problemas.

Um dos grandes desafios enfrentados pelos profissionais em suas carreiras nos dias de hoje é suportar a pressão por resultados cada vez mais imediatos (e dotados de nível máximo de eficiência), exigências que têm feito com que se opte sempre pelo caminho mais seguro e de menos riscos. É a velha história de ganhar o jogo por 1 X 0 ao invés de se arriscar a jogar bonito e acabar derrotado.

O conceito veio para revolucionar a maneira de encontrar soluções inovadoras para os problemas, soluções criativas focadas nas necessidades reais do mercado e não em pressuposições estatísticas.

A primeira informação que deve ficar clara é que não se trata de uma metodologia, e sim, de uma abordagem. Isso porque, quando pensamos em método, criamos a expectativa de ter em mãos uma fórmula matemática que se aplique indistintamente em qualquer situação, e definitivamente, este não é o caso.

O processo consiste em tentar mapear e mesclar a experiência cultural, a visão de mundo e os processos inseridos na vida dos indivíduos no intuito de obter uma visão mais completa na solução de problemas e, dessa forma, melhor identificar as barreiras e gerar alternativas viáveis para transpô-las. Não parte de premissas matemáticas, mas do levantamento das reais necessidades de seu consumidor. Trata-se de uma abordagem humana e que pode ser usada em qualquer área.

A razão da sua existência é a satisfação do cliente, que só poderá ser alcançada quando conhecermos em profundidade as suas necessidades, desejos e percepções de mundo.

Meu Emprego Sumiu!

A era da abundância

Durante milhares de anos, defendemos um modelo de vida baseado na escassez.

Esse modelo defende que chegaríamos em um ponto em que excederíamos a capacidade de nos alimentar, uma vez que a produção de alimentos cresce linearmente enquanto a população cresce exponencialmente.

Talvez, esse não seja mais o caso!

A revolução digital abre uma nova era, uma era exponencial, uma era de abundância.

Tornar o que é escasso em algo abundante significa alcançar a disponibilização generalizada de produtos e serviços atingindo as classes menos favorecidas, fazendo com que a população mais carente se conecte a economia global.

Parece utópico, mas de fato a cada revolução tecnológica o mundo se torna melhor.

Nos últimos 100 anos:

- A expectativa de vida humana mais do que duplicou.
- A mortalidade infantil caiu.
- Os custos de energia comunicação e transportes cairam,
- A quantidade de pessoas alfabetizadas subiu.

O modelo da escassez e abundância é amplamente discutido no livro "Abundância" de Steven Kotler e Peter Diamandis, cofundador e presidente-executivo da Singularity University e palestrante do TED Talk.

As novas tecnologias permitirão que a maioria da humanidade experimente aquilo que somente os mais abastados têm acesso. Embora a ameaça de um mundo de escassez seja alardeada em todos os cantos, demonstram que estamos presenciando uma época abundante.

O conceito de abundância nos remete à ideia de disponibilidade generalizada de produtos e serviços. É uma visão global baseada na mudança exponencial que exige uma modificação cultural para ser concretizada.

As pessoas, de modo geral, ainda se mostram céticas, acreditando que o progresso tecnológico nas próximas décadas será insuficiente, e que o intervalo de tempo é curto demais para que os avanços se viabilizem.

Mas é inegável que a humanidade está adentrando num período de profundas transformações e, se queremos realmente criar uma era abundante, teremos que aprender a pensar diferente e nos sentirmos à vontade em arriscar e aprender com nossos erros.

Almejar a abundância significa construir um mundo de infinitas possibilidades, um mundo em que as pessoas dediquem seus esforços, tempo e energia para concretizar seus sonhos e realizações, e não lutando pela sobrevivência, como faziam nossos ancestrais.

A abundância é uma ideia inclusiva que visa a todos.

O indivíduo é mais importante hoje do que em qualquer outra época.

Por este motivo, devemos estar preparados para o novo, para o diferente, para o desconhecido.

Meu Emprego Sumiu!

A era do compartilhamento

O fenômeno de usar e compartilhar objetos tem crescido a cada dia, e criado uma nova economia.

Não preciso ter uma casa na montanha para apreciar a vista numa manhã de domingo. O Airbnb me ajuda nisso!

Também não preciso comprar uma bicicleta para dar uma volta na avenida Paulista em São Paulo. A Yellow me oferece isso com dois clicks no celular!

O fenômeno de usar e compartilhar objetos tem crescido a cada dia e criado uma nova economia.

A economia compartilhada permite que as pessoas mantenham o mesmo estilo de vida sem precisar adquirir mais, o que impacta positivamente não só no bolso, mas também na sustentabilidade do planeta.

Ela nos apresenta um novo jeito de consumir focado no usufruir (serviço) substituindo o paradigma da posse do bem (produto).

A economia do compartilhamento está mudando não somente nossa relação com os bens materiais, mas também nossas relações pessoais.

É como se a tecnologia que em algum momento nos afastou, agora estivesse nos colocando de volta para um movimento em que nos comportamos como uma vila, porém, com laços que acontecem em escala global.

Foi em meio à crise de 2008 que, segundo o colunista do New York Times - Thomas Friedman, tanto a mãe natureza quanto o mercado chegaram a um limite e declararam que o modelo hiper consumista em vigência não era mais sustentável.

Alguns fatores chave conduziram esse novo modelo econômico: as preocupações ambientais, a recessão global, as tecnologias e redes sociais e também a redefinição do sentido de comunidade.

Segundo a especialista Rachel Botsman, a economia compartilhada contempla 3 possíveis tipos de sistemas:

1. Mercados de redistribuição: ocorre quando um item usado passa de um local onde ele é desnecessário para outro onde ele é necessário. Baseia-se no princípio do "reduza, reuse, recicle, repare e redistribua".

2. Lifestyles colaborativos: baseia-se no compartilhamento de recursos, tais como dinheiro, habilidades e tempo.

3. Sistemas de produtos e serviços: ocorre quando o consumidor paga pelo benefício do produto e não pelo produto em si. Tem como base o princípio de que aquilo que precisamos não é um CD e sim a música que toca nele. O que precisamos é um buraco na parede e não uma furadeira. Essa ideia se aplica a praticamente qualquer bem.

Como a economia compartilhada afeta a nossa economia?

A base fundamental do capitalismo é acumular a maior quantidade possível de bens. A indústria e tudo que a envolve corroboram isso. A publicidade é feita para criar desejos: precisamos ter para ser! Os bens são feitos para não durar, modelos novos de eletrônicos são lançados ano a ano, tornando nossos produtos recém adquiridos obsoletos no famoso ciclo da "obsolescência programada". As empresas lucram quando compramos mais, a economia gira quando compramos mais, somos mais quando compramos mais.

Pensemos na nova funcionalidade do Waze, que facilita caronas. Se as pessoas não precisam mais ter seus próprios carros para se locomover, como fica a indústria automobilística? Qual o impacto para toda essa cadeia: fornecedores, oficinas mecânicas, postos de gasolina, seguradoras...? E para todas as pessoas que trabalham em qualquer ponto dessa cadeia?

A indústria entra em colapso. O faturamento das empresas cai, o desemprego aumenta, leis são criadas para frear esse movimento, empresas tradicionais se revoltam com a concorrência desleal...

Não é isso que temos acompanhado nos últimos tempos? A economia colaborativa nos apresenta um novo jeito de consumir focado no usufruir (serviço) substituindo o paradigma da posse do bem (produto).

Se avaliarmos a economia colaborativa com uma mentalidade tradicional, não seremos capazes de enxergar a quantidade de oportunidades que despontam nesse novo cenário. Segundo a Forbes, a estimativa é que a economia colaborativa gere uma receita anual de US$3,5 bilhões para os usuários, valor que deve crescer 25% ao ano. Analistas econômicos ainda não incorporam em suas análises o impacto econômico dessa rede colaborativa e existe espaço não só para startups, mas também para grandes empresas.

Investimentos diretos, aquisições, parcerias e até mudança em seu modelo de negócio são algumas formas que grandes empresas como Avis, GM e Google tem encontrado para ir ao encontro e não na contramão do fenômeno. A gigante DHL, empresa de logística, viu seu faturamento cair e para se reerguer lançou o aplicativo My Ways, capaz de conectar remetentes e destinatários, possibilitando que os próprios clientes façam o transporte das encomendas.

A despeito da análise de alguns economistas, empresas grandes e pequenas e até mesmo os indivíduos podem aumentar seu faturamento e encontrar possibilidades de sobreviver à crise através da economia do compartilhamento.

Uma nova forma de se relacionar!

A economia do compartilhamento está mudando não só o modo como entendemos oferta e demanda e também a nossa relação com os bens materiais, mas também nossas relações pessoais.

É como se a tecnologia que em algum momento nos afastou, agora estivesse nos colocando de volta para um movimento em que nos comportamos como uma vila, porém com laços que acontecem em escala global. A reputação volta a ter uma importância outrora esquecida. Os nossos valores mudam e conhecer pessoas no meio desse caminho torna a experiência ainda melhor.

A era pós emprego

Estamos tentando resolver um problema que, um dia, víamos como solução. Queríamos vidas fáceis e confortáveis, onde o trabalho não fosse mais necessário.

O trabalho na forma de emprego e crachá corporativo se tornou a identidade das gerações passadas. Um novo modelo de contrato entre empresa e empregado, que não será mais um empregado e sim um colaborador especialista trabalhando em grupo com demais especialistas ao redor do mundo, pessoas que talvez ele nunca tenha conhecido mas que através de uma plataformar colaborativa, trabalham em conjunto e recebem por isso, começa a fazer mais sentido do que o modelo atual.

Como será este novo contrato? E quanto as férias? Décimo terceiro salário? Carga horária? Benefícios?

Tudo está em revisão. Após a revolução digital e com a era da abundância e compartilhamento em pleno vigor, não fará mais sentido trabalharmos a quantidade de tempo esforço atual.

Bem vindos a era pós-emprego!

Na era do pós-emprego, o trabalho formal se precariza, muda de natureza e adquire novo sentido associado a causas, ao prazer e ao empreendedorismo social

Você pode estar imaginando: o que seria uma "sociedade sem emprego"? Seria uma sociedade em que as pessoas ficariam assistindo Netflix e navegando em rede sociais o dia inteiro? Claro que não!

O trabalho do futuro será bem diferente do trabalho do passado. Não será absolutamente um "emprego", não será hierárquico, não será baseado em comando e controle, não será rotineiro e padronizado, mas sim, algo a ser abraçado e desfrutado.

A era pós emprego tem a ver com recuperar nossa humanidade e liberdade — no sentido mais profundo dessas palavras - será criativo e significativo, profundamente emocional e intelectual e não apenas técnico, como montar engrenagens.

Os novos desafios tem a ver com achar meios de resolver os grandes problemas atuais como as deter as mudanças climáticas, esticar a longevidade humana, criar novas formas de relacionamento, entender quem realmente somos, nosso propósito de vida e o que é essa coisa que chamamos de universo.

Essas grandes questões que vem nos assombrando desde os primórdios de nossa existência é o trabalho que precisa ser feito num mundo em que o pão de cada dia já foi ganho.

A era pós emprego, tem a ver com criar as invenções, sistemas de governo, contratos sociais, meios de vida e formas de organização que permitam a humanidade prosperar cada vez.

Essa é a maior de todas as ironias. Deveria ser fácil, mas de fato, viver sem o peso do emprego pode ser o trabalho mais difícil e recompensador que poderia existir.

Sobre o Autor

Fernando Barra tem 25 anos de carreira profissional em tecnologia e inovação sendo 10 anos na IBM onde trabalha até hoje.

Nos últimos anos vem ajudando grandes empresas em sua jornada de transformação digital, revendo cultura, processos e tecnologias, estudando o que há de mais novo para ajudar empresas líderes de mercado a sobreviverem nesse novo mundo digital onde Uber, Netflix, Airbnb, Nubank e tantas outras startups destruiram negócios bilionários e criaram novos mercados.

Durante esta jornada encontrou muita gente insatisfeita em seu atual emprego e muitos preocupados com o futuro de sua carreira profissional diante da crescente força de novas tecnologias como inteligência artificial e novos modelos organizacionais que a revolução digital vem permitindo criar.

Se especializou em transformação e resolução de problemas através da utilização de métodos como design thinking aplicando inclusive na gestão da sua própria carreira profissional.

Fruto desta experiência surgiu a idéia de compartilhar este conhecimento através do livro "Meu Emprego Sumiu!" onde apresenta esta mudança de mercado e como o profissional de hoje pode se preparar para este futuro próximo.

Meu Emprego Sumiu!

Notas e Referências

"A Estrada do Futuro" – Bill Gates, Companhia das letras

Visual Capitalist – www.visualcapitalist.com

Workforce of the future, PwC

The Future of Jobs, Fórum Econômico Mundial

Jobs Lost, Jobs Gained, McKinsey & Co.

Automation, skills use and training, OECD

"Abundância" de Steven Kotler e Peter Diamandis

Made in the USA
Columbia, SC
21 August 2024